cat

pisică

rabbit

iepure

dog

câine

chick

pui

duck

rață

sheep

oaie

goat

capră

pig

porc

donkey

măgar

horse

cal

cow

vacă

mouse

șoarece

bat

liliac

bee

albină

spider

păianjen

fox

vulpe

deer

cerb

squirrel

veveriță

hedgehog

arici

owl

bufniță

frog

broască

snake

şarpe

racoon

raton

parrot

papagal

toucan

tucan

alligator

aligator

sea turtle

țestoasă marină

flamingo

flamingo

penguin

pinguin

crab

crab

jellyfish

meduză

seal

focă

shark

rechin

whale

balenă

orca

orcă

starfish
stea de mare

rhinoceros

rinocer

panda

urs panda

monkey

maimuță

lion

leu

tiger

tigru

elephant

elefant